Renate Sültz

100 Verse zum Schmunzeln

Bibliografische Information durch die Deutsche Nationalbibliothek

Die Deutsche Nationalbibliothek verzeichnet diese Publikation in der Deutschen Nationalbibliografie; detaillierte bibliografische Daten sind im Internet über http://dnb.dnb.de abrufbar.

Herstellung und Verlag:

BoD – Books on Demand, Norderstedt

ISBN 9-78375-4-31564-4

Vorwort

Verse zum Lachen und Schmunzeln

In diesem Buch möchte ich eine andere Seite von mir zeigen. Den Menschen fällt es immer schwerer zu lachen. Auch ist keine Zeit vorhanden, über schöne Dinge nachzudenken.

Ich hoffe, ihnen trotzdem, das eine oder andere Lachen entlocken zu können und wünsche ihnen viel Freude mit diesem Buch.

Renate Sültz

Vers Nr. 1

Ach du armes Schwein,

hast du keines?

Musst nicht traurig sein.

Komm' ich reich dir meines.

Vers Nr. 2

Ich weiß und sage,

gar nichts ist so schlecht.

Und an diesem schönen Tage,

gibt die Welt mir Recht.

Vers Nr. 3

Die Leute fragen oft erstaunt,

wie er es fertigbringe,

er ist immer schlechtgelaunt

und doch guter Dinge.

Vers Nr. 4

Ich möchte dir etwas Kostbares geben.

Hier hast du ein paar Minuten Zeit.

Ein Kästchen gebe ich dazu, um sie
aufzuheben.

Nun hast du ein Stück Ewigkeit.

Vers Nr. 5

Schreib' deinen Wunsch auf ein Blatt.

Es sollte niemals jemand sehen.

Denn wenn es nie gelesen wird,

kann es in Erfüllung gehen.

Vers Nr. 6

Ich denke oft zu spüren,

wie von irgendwo her,

lieb und von Träumen schwer.

Seine Blicke mich berühren.

Vers Nr. 7

Das die Anderen anders sind.

Ist mir doch egal.

Der Rest der Menschheit spinnt.

Nur ich bin normal.

Vers Nr.8

Die Gäste, auf die wir alle hoffen,

sind dieses Mal nicht eingetroffen.

Sie kommen noch, mit Sicherheit,

zur anderen Gelegenheit.

Vers Nr. 9

Wenn zwei Elternteile Enten sind.

Ganz normal dieser Fall,

haben sie ein Entenkind

und keine Nachtigall.

Vers Nr. 12

Nein, ist es die Möglichkeit?

Was für ein Schock.

Gestern noch im Abendkleid

und heute im Morgenrock.

Vers Nr. 11

Alle Gäste waren widerlich.

Sie hatten sich mies benommen.

Das Schlimmste aber war für mich,

sie wollten wiederkommen.

Vers Nr. 12

Du bist einzigartig für mich,

der reinste Sonderfall.

So eine Rarität wie dich,

finde ich überall.

Vers Nr. 13

Er kann wie der Teufel geigen,

es ist wohl sein Talent.

Leider kann er es keinem zeigen,

da er hat kein Instrument.

Vers Nr. 14

Das Dasein ist ein je nachdem,

ein häufiges hin und her.

Manchmal schrecklich angenehm,

aber oft auch richtig schwer.

Vers Nr. 16

Gestern war ich mies gelaunt,

viel ging daneben.

Doch heute bin ich sehr erstaunt,

weil es schön ist, dieses Leben.

Vers Nr. 17

Plötzlich gibt es ihn nicht mehr,

es ist jammerschade?

Süß war er, mein Herz ist schwer.

Er war aus Nougat-Schokolade.

Vers Nr. 18

Sag mal, wie lange wirst du mich lieben?

Immer und alle Zeit?

Ja, ich liebe dich um viertel vor sieben,

um zwölf und in Ewigkeit.

Vers Nr. 19

Früher kannten wir uns nicht.

Es gab nur Regen, Luft und Licht.

Vor Millionen Jahren,

als wir noch Pflanzen waren.

Vers Nr. 20

Der Mann sprach weise.

Hatte man ihn verkannt?

Er redete sehr leise,

man aber nichts verstand.

Vers Nr. 21

Nur eines weis ich schon,

seit langer Zeit.

Ist denn alles Illusion?

Oder doch die Wirklichkeit?

Vers Nr. 22

Der Rabe schaute auf den Stein und sagte:
„Wie kann man nur so sprachlos sein?"

Dann schaute der Stein den Raben an und
antwortete: „Weil ich nicht reden kann."

Vers Nr. 23

Wusstest du das Neuste schon?

Ganz ohne jegliche Gebühren.

Kannst du auch am Telefon

Selbstgespräche führen.

Vers Nr. 24

Super, Spitze, ideal.

Königsklasse, tolle Wahl.

Echt unverbesserlich.

Doch leider nichts für mich.

Vers Nr. 25

Jeder wollte ihn fangen.

Doch er sprang davon und floh.

So ist es lange gegangen,

er heißt noch heute so.

Vers Nr. 26

Auf hoher See, da merken wir,

was uns alle ratlos macht,

das große Schiff ist aus Papier.

Keiner hätte es gedacht.

Vers Nr. 27

Gerade hat er angefangen

und schnell ist er vorbei.

Schon wieder ein Tag vergangen.

Ist es Zauberei?

Vers Nr. 28

Der Schneemann war ihr Bräutigam,

schnell hatten sie sich gefunden.

Als dann die Frühlingssonne kam,

ist er leider verschwunden.

Vers Nr. 29

Endlich will der Winter sterben.

Es verabschieden sich Schnee und Eis.

Schätze will er uns vererben.

Das Erwachen der Natur ganz leis.

Vers Nr. 30

Den Denker kannst du alles fragen,

er denkt nach, bevor er spricht,

um dir dann zu sagen: „Nun stell ich fest,

ich weiß es nicht."

Vers Nr. 31

Ich bin zufrieden, zugegeben.

Habe keine Sorgen.

Freue mich aufs Leben.

Nie war ein Tag so schön wie morgen.

Vers Nr. 32

Wenn alle Stricke reißen,

was ist dann?

Oje, der wird dich beißen,

obwohl er nicht beißen kann.

Vers Nr. 33

Der Sturm hat die Wolken verweht.

Ich habe ihn gewähren lassen.

Hab zugesehen und Daumen gedreht.

Oder sollte ich was verpassen?

Vers Nr. 34

Ein Foto zeigte mein Gesicht.

Zeigte, wie ich lachte.

Leider zeigte es nicht,

was ich dabei dachte.

Vers Nr. 35

Ich will noch was erwähnen.

Zufrieden ist mein Leben hier.

Dein Lachen, deine Tränen,

Deine Schritte neben mir.

Vers Nr. 36

Bitte schön, danke sehr!

Wer schon was hat, kriegt nichts mehr.

Ganz schnell soll er weitergehen.

Vielen Dank, auf Wiedersehen.

Vers Nr. 37

Oft ist das Leben federleicht,

manchmal auch schwer wie Blei.

Doch eh man sagen kann: Es reicht,

ist alles schon vorbei.

Vers Nr. 38

Angeschaut und reingebissen,

schmeckte sonderbar.

Ausgekaut und weggeschmissen.

Keinen Schimmer, was es war.

Vers Nr. 39

Wenn du mein Herz willst,

gib mir ein Blatt Papier,

einen Pinsel und rote Farbe.

Jetzt male ich es dir.

Vers Nr. 40

Sollte ich hier schon lange liegen?

Können es Millionen Jahre sein?

Manchmal träume ich vom Fliegen,

doch meine Flügel sind aus Stein.

Vers Nr. 41

Regentropfen fallen, Blätter rascheln.

Es regnet ohne Unterlass.

Fröhlich sind wir und lauschen,

ganz leise und tropfnass.

Vers Nr. 42

Ein Stück gingen wir zu zweit.

Uns überkam das Gefühl,

dass es für die Jahreszeit,

viel zu kühl.

Vers Nr. 43

Zum Glück und in der Tat,

ist ein Kreis kein Quadrat.

Soviel ich weiß, ist ein Quadrat

auch keineswegs ein Kreis.

Vers Nr. 44

Der Ausweg scheint ideal,

der Beste in diesen Zeiten.

Doch etwas erleichtert mir die Wahl,

ich kenne keinen Zweiten.

Vers Nr. 45

Hier auf Erden neben mir,

hockt ein großes, schwarzes Tier.

Manchmal schleckt es an meiner Wange.

Ja, wir kennen uns schon lange.

Vers Nr. 46

Ich warte und warte, das weißt du doch.

Kommst du spät oder bald?

Bitte komm doch heute noch,

denn morgen bin ich viel zu alt.

Vers Nr. 47

Wer in die Zukunft sieht,

weiß, was kommen wird.

Auch was im nächsten Jahr geschieht.

Wenn er sich da bloß nicht irrt.

Vers Nr. 48

Es braucht seine Zeit,

und noch ein wenig Dunkelheit.

In der Knospe verborgen,

schlummert das Glück von morgen.

Vers Nr. 49

Schnell entflieht das Tageslicht,

drum bleib liegen, wo du bist.

Aufstehen lohnt sich nicht,

weil gleich schon wieder Abend ist.

Vers Nr. 50

Wenn wir an nicht zu sehenden Schnüren,

die Vögel spazieren führen,

und sie begleiten uns piepsend im Wind,

denken alle wie zahm sie sind.

Vers Nr. 51

Es kommt vor meinen Füßen,

ein Zettel angeweht.

Es schickt mir jemand Grüße.

Und fragt, wie es mir geht.

Vers Nr. 52

Kannst du sehen, wie der Tag sich regt?

Wie die Nacht sich hinter die Wälder legt?

Die Sonne schaut verschlafen herein.

Der neue Morgen ist mein.

Vers Nr. 53

Irgendwas ärgert dich,

du willst mir an den Kragen.

Wir sollten reden, du und ich,

um uns zu vertragen.

Vers Nr. 54

Rot, gelb, grün und blau,

fröhlich fängt der Maler an.

Er malt sich eine schöne Frau,

weil er keine kriegen kann.

Vers Nr. 55

Anfangs hieß es: „Nimm mich mit,

nur ein Stückchen bloß."

Nun folgt er mir auf Schritt und Tritt.

Ich werde ihn nie mehr los.

Vers Nr. 56

Obwohl ich versuche,

zu sein wie eine Buche,

gelingt es mir nicht.

Ich bleibe eine Eiche

Vers Nr. 57

Gestern stellte ich mir vor.

allein zu sein auf Erden.

Schon fing ich an zu weinen,

da klingelte das Telefon.

Vers Nr. 58

Wenn ich nicht schlafen kann,

weil die Kirchen-Uhr schlägt.

Dann sehe ich einen Mann,

der den Mond spazieren trägt.

Vers Nr. 59

Vieles hatte ich mir erhofft,

mir sehr viel vorgenommen.

Und schon wieder, wie so oft,

ist Mist dabei herausgekommen.

Vers Nr. 60

Ich glaub nicht,

dass er uns vergisst.

Pünktlich war er ja immer,

nur wissen wir nicht wann es ist.

Vers Nr. 61

Es ist wirklich egal,

wie man ihn nennt.

Er versteht es jedes Mal

als Kompliment.

Vers Nr.62

Als er eine Blume in Pflege nahm,

wirkte sie schäbig und kahl.

Doch als sie was zu trinken bekam,

sprach sie wieder ganz normal.

Vers Nr. 63

Auch in vierzigtausend Jahren,

ist meine Seele von dir noch voll.

Doch keiner kann mir sagen,

wie ich dich jemals vergessen soll.

Vers Nr. 64

Wir planen gerne unser Leben,

zuerst dies und auch das.

Was wir planen, geht oft daneben,

denn nur auf den Zufall ist Verlass.

Vers Nr. 65

Den Sinn erfreuen, ist in Mode.

Jeder singt, tanzt und lacht.

Ja, das Leben vor dem Tode,

offenbar Vergnügen macht.

Vers Nr. 66

Wenn mein Leben ein Ende hat,

musst du mich begraben.

Bin der Sonne satt,

und muss es dunkel haben.

Vers Nr. 67

Er kommt und will mich schlagen,

mein größter Feind.

Doch wieder wird er sagen:

„Es ist nicht so gemeint."

Vers Nr. 68

Monate mussten wir überspringen,

die Kalender wurden nicht leer.

Als die Uhren langsamer gingen,

hatten wir Zeit und vieles mehr.

Vers Nr. 69

Immer hab ich nachgegeben,

obwohl ich mich behaupten muss.

Immer wieder in meinem Leben,

doch damit ist jetzt Schluss.

Vers Nr. 70

Es kamen andere Zeiten,

wie das so ist mit den Jahren.

Jetzt redeten sie über Kleinigkeiten

und Dinge, die unwichtig waren.

Vers Nr. 71

Wieder ist es soweit,

ich hab es doch gewusst.

Genug habe ich Zeit.

Doch wieder keine Lust.

Vers Nr. 72

Es sollte kommen und es kam.

Keiner konnte es wissen.

Wir dachten er wäre zahm,

dann hat er zugebissen.

Vers Nr. 73

Viele Leute lobten mich.

Wie genial ist dein Plan.

Doch etwas war ärgerlich,

ich hatte mich arg vertan.

Vers Nr. 74

Wir merkten kaum, dass wir glücklich waren,

Zeit hatten wir genug.

Doch die meisten von den Jahren,

gingen weg wie im Flug.

Vers Nr. 75

Ich fühl mich so beschissen,

klagte das Kissen.

Nun sprach die Matratze:

„Das war doch diese Katze."

Vers Nr. 76

Nichts ist für ewig und alle Zeit.

Alles ändert sich schnell.

In der Nacht herrscht Dunkelheit

Und am Morgen wird es hell.

Vers Nr.77

Oft putzt er sich und hält sich rein.

Er schläft in einem schönen Nest.

Er müsste wirklich sauber sein

Und doch stinkt er wie die Pest.

Vers Nr. 78

Immer wieder beteuerte der Stein:

„Ich kam heran geflogen."

Doch es konnte gar nicht sein,

er hatte dreist gelogen.

Vers Nr. 79

Der Bleistift ist ein Fisch,

aus Papier entsteht ein Kahn.

Wenn wir wollen, ist der Tisch

ein riesiger Ozean.

Vers Nr. 78

Es hilft kein Nörgeln und kein Meckern,

kein Heulen und kein Fluchen.

Sollte es beim ersten Mal missglücken,

solltest du's noch mal versuchen.

Vers Nr. 79

Ohne dich ist die Welt sehr kalt.

Ich fühle mich allein.

Drum wünsch' ich mir schon bald,

bei meinem Schatz zu sein.

Vers Nr. 80

Ich habe keine Worte.

Kaum kann ich dich beschreiben.

Süß bist du wie eine Torte,

Drum wirst du nicht lange bleiben.

Vers Nr. 81

Wenn er bezahlbar ist,

kaufe ich den Weißen,

Weil nur er alles frisst.

Nur darf er mich nicht beißen.

Vers Nr. 82

Stets ist er neben mir.

Nur ein Wort brauch ich zu sagen,

und mein wunderbares Tier,

würde mich prompt nach Hause tragen.

Vers. Nr. 82

Gold ist so manchem eine Last,

Reichtum, den du nicht hast.

Eventuell wird er dir fehlen,

doch keiner kann ihn stehlen.

Vers Nr. 83

Ich kenn ein Spiel, was uns gefällt.

Wir sollten es mal ausprobieren.

Gewinnen können wir die ganze Welt

und dabei nichts verlieren.

Vers Nr. 84

Mitten in der Nacht,

wurde mir etwas Herrliches mitgebracht.

Friedlich vor dem Fenster lag,

strahlend und hell ein neuer Tag.

Vers Nr. 85

Tage kommen und gehen,

geschwind wie der Wind.

Selten bleiben Uhren stehen.

Trotzdem die Zeit verrinnt.

Vers Nr. 86

Kann es denn nicht möglich sein?

Man könnte es doch denken.

Es kommt einer zur Tür herein

und wird mir etwas schenken.

Vers Nr. 87

Warum ist es meine Pflicht?

Muss ich's dir wirklich sagen?

Soll ich es tun oder nicht?

Fragen über Fragen.

Vers Nr. 88

Ein Fuchs kam in den Hühnerstall.

Er wollte nach dem Wege fragen.

Die Hühner riefen: „Überfall!"

Das ließ er sich nicht zwei Mal sagen.

Vers Nr. 89

Plötzlich war er nicht mehr allein,

wenn er am Abend spazieren ging.

Als die Dunkelheit kam herein,

flog mit ihm ein Schmetterling.

Vers Nr. 90

Wo das Ende der Welt beginnt,

möchte ich zurück nicht sehen.

Wie die Wolke mit dem Wind,

wer ich mit dir weitergehen.

Vers Nr. 91

Will er ein Brot mit Butter?

Ob er Konfitüre lieber schleckt?

Ich glaub er mag nur Vogelfutter.

Wenn ich nur wüsste, was ihm schmeckt.

Vers Nr. 92

Manchmal glaube ich zu spüren,

wie von weither,

lieblich und von Sehnsucht schwer,

deine Gedanken mich berühren.

Vers Nr. 93

Ich werde dich auf Händen tragen.

Du musst nie mehr laufen.

Dann höre ich dich plötzlich sagen:

„Wann willst du mir ein Auto kaufen?"

Vers Nr. 94

Beinahe ist es perfekt,

fast tadellos.

Alle Mängel sind versteckt,

leider aber viel zu groß.

Vers Nr. 95

Kein Schnaps mehr in der Flasche.

Keine Kohle in der Tasche.

Schlechte Laune, Stinkefüße,

Scheiß Wetter, schöne Grüße.

Vers Nr. 96

Das Viech hat mitten in der Nacht,

auf dem Dach gesessen.

Es hat das Maul weit aufgemacht

und einen Komet gefressen.

Vers Nr. 97

Kannst du die Tiere sehen?

Will wissen, wie sie heißen?

Sie droben auf dem Berge stehen,

und die Wolken beißen.

Vers Nr. 98

Ein Vogel muss singen.

Ein Frosch muss springen.

Der Maulwurf muss wühlen,

doch wer nicht hören will, muss fühlen.

Vers Nr. 99

Wir werden lernen

und sind klug.

Viel, viel klüger mit der Zeit.

Irgendwann wissen wir genug,

dann leben wir in der Vergesslichkeit.

Vers Nr. 100

Das ist mein letztes Gedicht.

Mein Speicher ist nun leer.

Mehr kann ich nicht,

nun heute nicht mehr.

Nachwort

Zum Schluss möchte ich noch ein paar Worte hinzufügen. Ich habe in diesem Buch eine völlig neue Seite von mir gezeigt. .Diese Art von Humor wird nicht von allen Lesern so empfunden. Ich hoffe trotzdem, dem Einen oder Anderen, ein Lächeln entlockt zu haben.

Ein weiteres Buch wird im Herbst auf den Markt kommen. Mit neuen Kurzgeschichten wird dann wieder für absolute Unterhaltung gesorgt sein.

Ich danke allen Leserinnen und Lesern für ihre Treue und verbleibe ihre Autorin

Renate Sültz